AF411031

RETS D'ENCOURAGEMENT

AU TRAVAIL
ET A LA VERTU.

LE
CHIEN DANS LA SEINE.

LILLE.
L. LEFORT, IMPRIMEUR-LIBRAIRE.
PARIS.

Ad. Leclère et C.ie, imp.-lib.,
rue Cassette, 29.

Isidore Pesron, libraire,
rue Pavée, 13.

LE CHIEN

DANS LA SEINE.

Le chien léchait les mains de l'enfant , lui présentait
tantôt une patte , tantôt l'autre....

LE CHIEN DANS LA SEINE.

I.

i vous avez jamais vu Paris, vous avez vu une grande ville, et, dans cette grande ville, vous avez vu de grands monuments, de grandes rues, de grandes places, de grands boulevards, de grands ponts, une grande rivière et des quais passablement grands aussi, surtout depuis qu'on a mis à exécution ces beaux plans d'élargissements conçus et dressés par Louis le Grand.

Vous avez vu ce magnifique prolongement des quais sur la rive droite de la Seine, depuis le vieux pont Royal, qui vient d'abaisser sous le pic et le marteau son dos voûté de naissance, jusqu'aux jeunes passerelles de l'île Saint-Louis, orgueilleusement appelées pont de Damiette et de Constantine ?

Pourtant j'aime beaucoup ces deux noms associés l'un à l'autre. Il me semble voir la vieille gloire et la jeune gloire de la France, se tenant par la main et fraternisant ensemble.

Vous vous êtes promené sur les larges trottoirs tout le long des quais des Tuileries, du Louvre, de l'École, de la Ferraille, à présent dit Pelletier, de la Grève, des Ormes, de Saint-Paul, des Célestins, et vous avez admiré, au lieu et place des anciennes rues étroites et dangereuses, ces larges voies nouvelles que bordent de larges trottoirs, et où pourraient passer de front cinquante cavaliers ?

Vous vous êtes extasié devant ce majestueux spectacle de l'Hôtel-de-Ville , dont la nouvelle façade s'est élevée si rapidement , que les Parisiens même la croiraient sortie de terre comme les palais enchantés , qui certes feraient pour la plupart triste figure auprès de celui-ci.

Pour moi , je vous avouerai que c'est là ma promenade favorite , quand il m'arrive de pouvoir ou de vouloir me promener ; car voyez et plaignez mon malheur , le plus souvent quand je voudrais me promener , je ne le puis ; et quand je le pourrais , je suis assez ennemi de moi-même pour ne pas le vouloir. Toute l'histoire de l'homme est dans cette phrase. C'est la mienne , n'est-ce pas la vôtre ?

C'est donc ma promenade , et surtout du côté par où la Seine nous envoie ses dons ; car j'aime mieux voir l'eau qui vient que l'eau qui s'en va : l'emblème me semble plus consolant.

Voilà un bien grand préambule pour une bien petite histoire ; mais vous serez peut-être plus disposés à m'en absoudre , quand je vous aurai déclaré qu'il a été *commis* sans aucune préméditation. Je vous assure que je voulais commencer tout simplement par vous raconter qu'un jour , en faisant ma promenade favorite, j'avais aperçu un chien qui se noyait, ou, pour parler plus exactement, que noyait la Seine bien malgré lui ; car la pauvre bête faisait assez comprendre par ses cris lamentables, qu'elle ne s'était pas jetée dans la Seine de gaîté de cœur.

Tout autour des parapets, une foule immense était assemblée et grossissait à vue d'œil, comme s'il eût été question de voir un mât de cocagne sur l'eau. Et c'était le pauvre quadrupède qui était l'objet de toute cette attention.

Lorsque j'eus pénétré à travers les rangs

serrés de la foule , et que je fus assez près pour plonger dans la rivière...... mes regards inquiets , je fus tout ému , tout agité.

Le malheureux chien , que les flots entraînaient , avançait toujours , en suivant le torrent ; il lui était impossible de lutter contre eux , et il tâchait de ramer vers le bord , vers le bord , hélas ! sans rivage.

Nous le suivions des yeux, la foule et moi, avec une attention pénible chez les uns , simplement curieuse chez les autres : tantôt il touchait presque le bord , d'où une vague inhospitalière le repoussait en écumant, tantôt il parvenait à se maintenir immobile à la surface du fleuve, jusqu'à ce que les flots, accourant en furie, vinssent le pourchasser de choc en choc **dans** leurs abîmes, d'où il avait peine à soulever enfin la tête.

Un moment arriva où tout d'un coup il disparut au-dessous du Pont-au-Change. Tout le monde le croyait à jamais enseveli dans l'humide tombeau ; mais subitement un cri général partit de l'autre côté du pont : « Le voilà ! le voilà ! » Et aussitôt la foule de se remuer comme un seul homme et de se tourner en masse vers l'autre côté. Je ne sais combien il y eut de blessés dans la précipitation de ce mouvement, où chacun courait comme pour assurer son salut dans un grand danger, foulant aux pieds femmes, vieillards et enfants.

J'eus assez de bonheur pour me trouver aux premières places, parce qu'en habile tacticien, j'avais eu l'attention de courir cinquante pas au-dessus du pont, et, en m'appuyant sur le parapet du quai, je me rencontrai tout en face du naufragé. Le flot qui l'avait poussé jusque-là s'était calmé, et le pauvre animal usait le reste de ses forces à gagner une espèce de promontoire formé le long par une saillie de quelques pouces qui trempait dans les eaux.

« Il y est, il y est, le voilà ! » criait-on de toutes parts.

Mais une lame jalouse l'avait déjà rejeté dans le fleuve, d'où il se débattait de nouveau contre la mort.

Il parvint à regagner un peu plus bas le cap sous-marin que formait la bordure de pierre de taille, son cher cap de Bonne-Espérance.

« Il y est, il y est encore ! » crièrent

les mêmes voix ; mais pas une n'offrait, pas une ne demandait du secours pour l'intrépide bête. Et cependant c'était pitié de la voir, de l'entendre. Elle levait vers nous la plus jolie petite tête de chien ; elle nous montrait le visage le plus suppliant ; ses yeux, mouillés d'eau et de pleurs, semblaient chercher, invoquer dans cette foule une main qui vînt à son aide. Lassée de ce langage muet, mais que je trouvais on ne peut plus éloquent, elle levait la tête de nouveau et se mettait à pousser des petits aboiements si tendres, si languissants, si douloureux qu'il fallait des cœurs de pierre pour n'en être pas attendri.

La fatigue affaissait le malheureux épagneul, car c'en était un, oui, un épagneul dans la Seine ; le chien tant aimé, tant chéri, tant gâté ; ses jambes pliaient, sa tête s'abattait, il allait retomber et s'engloutir à jamais dans le fleuve. Il promena, pour la dernière fois, ses regards implorants autour de la foule, et poussa un dernier et faible cri.

« Cette pauvre bête ! dit un pauvre homme à côté de moi, si l'eau n'était pas si froide, je m'y mettrais volontiers pour la tirer de là. »

Je me tournai vers mon voisin, dont les vêtements et le visage souffreteux m'annoncèrent qu'il y avait une bonne action à faire, à l'occasion de l'épagneul qui se noyait.

« Cinq francs pour vous si vous me l'apportez, lui dis-je, » en faisant briller la pièce à ses yeux.

Je n'avais pas achevé que le brave homme avait couru vers l'escalier qui descend à la Seine. En moins de temps que je n'en mets à vous le dire, il avait dépouillé ses vêtements, et s'était plongé dans la rivière.

Ce fut un nouveau spectacle pour la foule,

du sein de laquelle partit un long bruisse-
ment.

A l'aspect de ce secours inattendu , l'épagneul sentit son courage se ranimer ; il se
dressa sur ses pattes , se secoua trois fois ,
et , s'avançant sur l'extrême bord de la
saillie qui lui servait de refuge , il allongèa
la tête tant qu'il put, pour abréger la route
de son libérateur et ses propres angoisses.

« Il l'a ! il l'a !..... » cria-t-on , et la foule
qui n'avait plus rien à voir , se dissipa.

Je descendis à la rencontre du nageur et

de mon petit protégé ! Pendant que le premier s'habillait , je soulevai dans mes bras l'épagneul, qui eut l'attention de se secouer encore auparavant , pour ne pas trop m'humecter , et qui se montra très-reconnaissant de mes soins : il lécha affectueusement mes mains , il tourna vers moi des yeux visiblement émus , et quoique le froid et la fatigue lui permissent à peine de remuer ses membres délicats , il me frappa cinq à six fois de sa queue caressante.

J'invitai son libérateur , en lui remettant le chien et la pièce de cinq francs , à m'apporter chez moi cette gentille petite bête, et je lui fis servir à dîner près d'un bon feu.

Un certain nombre de curieux qui avaient voulu jouir du spectacle jusqu'à la fin s'étaient rassemblés autour de nous. Je les engageai vainement à se retirer ; il y en eut qui nous suivirent jusqu'à ma porte, pour voir emporter un chien......

II.

« Vous êtes bien malheureux ? demandai-
je, après qu'il se fut restauré, à l'homme
qui s'était mis à l'eau pour secourir l'épagneul et gagner la pièce de cinq francs.

— Personne ne le sait, me répondit-il,
si ce n'est moi, ma femme et mes enfants;
car nous ne sommes point accoutumés à
pleurer misère, et mon travail suffisait or-
dinairement à notre entretien. Je suis bon-

nctier , et je gagnais de quatre à cinq francs par jour , quelquefois davantage. Mais le commerce va si mal , que le fabricant qui m'occupait depuis cinq ans , a été obligé de laisser chômer la moitié de ses ouvriers , et que , malgré cela , il ne peut faire travailler les autres , que trois jours par semaine , pour ne pas congédier tout son monde ; fort heureusement je suis du nombre de ces derniers , vu mon ancienneté dans la maison ; mais trois jours de travail ne sauraient fournir à nos besoins , et je cherche à employer le reste de mon temps.

« Cet épagneul est charmant , lui dis-je , il embellit à mesure que sèche sa robe soyeuse , et certes il vaut le décuple de ce que je vous ai donné , pour le tirer des flots. En vous remettant ces deux autres pièces , je vous reste donc encore redevable ; je voudrais être plus riche , j'en serais plus généreux. »

J'eus beaucoup de peine à faire accepter mes dix francs à ce bon ouvrier , et il fallut que je me fâchasse presque pour le décider.

Nous avions placé le pauvre animal près du foyer , où j'avais fait un feu flambant pour son libérateur. Je m'émerveillais à mesure que la chaleur en séchant son épaisse toison blanche , rendue plus blanche encore par son séjour au milieu des eaux , répandait la vie dans ses yeux , l'animation dans ses membres : jamais je n'avais vu une aussi jolie petite bête, et ma sœur chez qui je prenais pension fut ravie de la posséder ; mais le plus content de tous , fut son fils Alfred , gentil garçon de huit ans , qui s'assit sur le tapis auprès du chien , comme auprès d'une vieille connaissance , et il passa ses doigts dans le poil touffu du chien , comme il eût fait d'un peigne pour le démêler , et le poil touffu du chien se formait et se dressait sous ses doigts , en gros flocons de laine fine et luisante.

De son côté, le chien non moins aise de la bonne rencontre, léchait les mains de l'enfant, lui présentait tantôt une patte, tantôt l'autre, et lui témoignait sa reconnaissance de mille façons gentilles.

Enfin l'enfant s'attacha beaucoup au chien, le chien s'attacha beaucoup à l'enfant, et dès ce jour ils ne se quittèrent presque plus. Le chien était de toutes les parties, de tous les jeux de l'enfant; il s'attristait quand il le voyait sortir sans lui pour aller à l'école, et il semblait lui dire : « Si tu voulais me conduire avec toi, je serais bien sage et ne te ferais point gronder. »

Quand l'enfant rentrait à la maison, impatient de revoir son fidèle épagneul, le chien qui l'attendait en flairant sous la porte, se levait sur ses pattes de derrière, et lui fesait le beau, puis s'élançait à bonds joyeux, puis sautait et gambadait, et aboyait autour de lui, puis courait comme pour dire à la mère : « Le voici, le voilà ! » Puis revenait vers l'enfant, puis allait encore de l'enfant à la mère, et de la mère à l'enfant.

Quand l'enfant mangeait, le chien mangeait avec l'enfant, et pour le chien n'étaient pas les bouchées les plus maigres ; mais il fallait qu'il fît le beau pour les mériter, et que debout, sautillant sur ses jambes, il les attrapât en l'air, jetées par la main souvent maladroite de l'enfant.

Nous cherchâmes un nom pour l'épagneul naufragé, et comme ce n'est pas mince affaire de savoir comment appeler un chien, nous cherchions encore, lorsqu'un malheureux accident vint nous livrer à de toutes autres préoccupations.

Alfred mon neveu, le fils unique et chéri de ma sœur, tomba malade, et en peu de jours sa maladie fit des progrès alarmants pour le cœur d'une mère ; tout le monde devint triste dans la maison, et l'épagneul triste comme les autres.

On vit le pauvre animal se coucher sur une chaise auprès du lit de son jeune maître souffrant, sans vouloir en sortir même pour le repos.

L'épagneul ne consentait à manger, que si mangeait son jeune ami, et lui, ce chien d'habitude si glouton, qui s'impatientait, se fâchait et grommelait à table, pour peu que nous lui fissions attendre un morceau désiré, lui, ce pauvre chien, ne voulait accepter maintenant aucune bouchée friande, que si son cher malade la partageait avec lui.

La tête appuyée sur le bord du lit, il

examinait ses moindres mouvements , d'un œil fixe et inquiet ; ses yeux attristés ne quittaient point le visage abattu d'Alfred ; ils y épiaient un sourire , et quand le sourire paraissait , le chien se redressait sur ses jambes , remuait sa queue touffue , et semblait nous dire en reportant sur nous ses regards satisfaits. « Voyez , il a souri ! »

Mais le sourire ne revenait plus sur les lèvres du malade , son état allait toujours empirant , et c'était un spectacle désolant de le voir ainsi.

Déjà il ne reconnaissait plus sa mère ,

tant son mal était grand, son bras défait et jadis si potelé tombait sans mouvement hors de son lit ; son pouls n'avait presque plus de battements ; ses paupières à demi fermées se soulevaient à peine, sa respiration n'était plus guère qu'un souffle insensible.

L'enfant allait mourir avant presque d'être né ! comme un jeune bouton de fleur qu'abat avant qu'il ne s'ouvre aux premiers rayons du soleil, le jaloux aquilon.

Alfred allait mourir ! et sa mère inconsolable priait dans un coin de la chambre, avec le prêtre qui venait de prier déjà sur sa couche de douleur, bientôt hélas ! sa couche mortuaire. L'âme était prête, elle allait s'envoler vers le ciel, vers le ciel sa patrie.

Le médecin dit à la mère de l'enfant que bientôt il ne lui appartiendrait plus, que Dieu allait en faire un de ses anges ; il lui conseilla de s'arracher au spectacle de sa mort, et même il l'emmena presque de force, de peur que son désespoir n'éclatât dans la chambre du pauvre petit moribond.

Il y eut un moment où le chien resta

seul près du lit avec la bonne qui pleurait,
pleurait beaucoup. Et comme la bonne
tenait cachés dans son mouchoir ses yeux
baignés de larmes, le chien sauta douce-
ment de sa chaise sur le lit de l'enfant
qui allait mourir, et se mit à lécher en
silence tout son pauvre petit corps malade.

L'enfant fit un léger mouvement, puis
il parut sortir un peu de son affaiblisse-
ment mortel; il allongea même son petit
bras tremblant, comme pour flatter le chien,
et lui témoigner que ses caresses le soula-
geaient.

Le chien sembla comprendre, et continua de lécher l'enfant par tout son pauvre petit corps malade, et en léchant, léchant son pauvre petit corps, il devint si content, si joyeux, il sautilla tellement, que la bonne enfin leva les yeux.

En ce moment, l'enfant fit un mouvement plus vif que la première fois ; il passa et repassa sa main moins tremblante sur le dos du chien qui toujours le léchait, puis sourit et respira, et le chien toujours le léchant, jeta un petit aboiement.

La bonne considérait ce spectacle, tout

émue, tout attendrie. Elle admirait, sans oser remuer, le chien léchant, toujours léchant, le pauvre petit corps de son jeune maître malade, et le rappelant ainsi par degrés à la vie.

Enfin voyant l'enfant pleinement ranimé, elle courut à l'appartement de sa mère où se trouvait encore le médecin, et s'écria : « Venez donc ! venez vite ! l'enfant va mieux, il respire, il sourit, il m'a donné la main. »

Transportés de surprise et de joie, nous accourûmes tous auprès du malade, nous le trouvâmes jouant avec le chien , et appelant sa mère.

Oh ! comme elle fut contente , la mère d'Alfred , quand elle se vit reconnue par son enfant !

Le médecin qui n'avait point encore quitté la maison , s'approcha du malade , l'examina et dit : « Cet enfant avait une inflammation intérieure qui eût certainement amené sa mort , si elle ne venait de passer à l'extérieur ; je pense que la langue du chien a provoqué cette éruption , l'enfant est sauvé. » Qui fut choyé , caressé ?

J'allais oublier quelque chose , et j'aurais peut-être bien fait , car une bonne action n'est pas comme une boule de neige , elle s'amincit en courant le monde ; mais vous regretteriez , je pense , de ne pas apprendre ce que nous fîmes pour le pauvre bonnetier qui avait tiré des flots le chien qui se noyait.

Nous allâmes visiter son petit ménage , et sur quelques paroles échappées à sa femme , ma sœur beaucoup plus riche que moi , lui fit l'avance de quinze cents francs pour monter une modeste boutique de bonneterie dans la rue Saint-Louis au Marais.

Tout en agrandissant leur commerce que le ciel se plaît à bénir , ces braves gens ont déjà rendu près de cinq cents francs à ma sœur.

Le mari était d'une santé délicate qui donnait même des inquiétudes pour ses jours , et les médecins lui avaient prescrit , s'il ne voulait laisser ses enfants orphelins , de quitter son métier pénible et sédentaire ; maintenant , il a repris sa sève et sa vigueur, comme un arbre transplanté d'un sol aride et dévorant , sur une terre hospitalière ; maintenant , il se porte bien le brave homme , bien de corps , bien d'esprit; comme nous, il bénit l'heureux jour où la Providence vint si heureusement à son aide , et chaque fois que je vais me promener au Marais , nous aimons à nous rappeler ensemble l'histoire de l'épagneul qui se noyait dans la Seine.

Lille, imp. de L. Lefort. 1840.

Collection de Livrets d'encouragement au travail
et à la vertu.

—

30 LIVRETS IN-**18**. DONT **15** AVEC VIGNETTE.

Les † indiquent les Livrets avec vignette.

Prix : 2 fr. 60 c.

Le vrai moyen d'être heureux.	† Le petit Paul.
Le seul remède aux désordres de la société.	† L'Enfant dans les bois.
1.re Communion d'Edouard.	† Albert et Léonard.
M. Valbert.	† L'Orpheline.
La Religion, protectrice du pauvre.	† Les véritables défenseurs du peuple.
Prosper.	† L'Hirondelle.
Les deux Frères.	† L'honnête Homme.
Danger des mauvaises lectures.	† Notre-Dame de Bon-Secours.
La sanctification du dimanche,	† Emile et Edouard,
Les deux Soldats.	† Le Chien dans la Seine.
Le Secours inattendu.	† Thomas Morus.
M. de St.-Aubin.	† La Mère Blanc-d'œuf.
Les Vœux changés d'objets.	† Ayez pitié du pauvre.
Pourquoi des riches? Pourquoi des pauvres?	† Michelette, ou l'Ange de la prison.
Saint Louis de Gonzague.	† Julien, le jardinier.

Cette collection est destinée à servir de Livrets de lecture et de récompense aux enfants qui fréquentent les écoles et les catéchismes.

Une histoire courte, intéressante, mise à la portée de leur âge, les amuse, les attache, et laisse dans leur jeune cœur de bons germes, que l'avenir doit développer. Les petits Livrets que nous annonçons rendent, par leur bas prix, cet avantage fort facile à obtenir.

Chaque Livret se vend séparément à tel nombre qu'on désirera. Ceux qui ont vignette et couverture.   10 fr. le cent.
Les autres. . . . .   8 fr. —

On peut s'adresser à tous les Libraires où se trouve la Bibliothèque catholique de Lille.

www.ingramcontent.com/pod-product-compliance
Lightning Source LLC
LaVergne TN
LVHW011413170726
843501LV00006B/2182